Abraham Kuyper

De Schrift, het woord Gods

Abraham Kuyper

De Schrift, het woord Gods

ISBN/EAN: 9783744654142

Hergestellt in Europa, USA, Kanada, Australien, Japan

Cover: Foto ©ninafisch / pixelio.de

Weitere Bücher finden Sie auf **www.hansebooks.com**

DE SCHRIFT,

HET WOORD GODS,

DOOR

Dr. A. KUYPER.

VOORREDE.

De uitgave van het hier-volgend stukje vereischt eenige toelichting.

Door den Heer CAMPAGNE, te Tiel, aangezocht, om een tweeden afdruk van de gravuren, uit zijn plaatbijbel, met bijschriften te voorzien, sloeg ik dit aanzoek ten stelligste af, zoo hiermeê slechts illustratiën der gravuren of stichtelijke bijschriften bedoeld werden. Zulk een werk toch scheen mij op de markt onzer godsdienstige lectuur volstrekt overbodig te zijn, en eer schadelijk dan goed te zullen werken, door bestendiging bij het geloovig publiek van een ongeestelijk-supranaturalistische opvatting der Schrift. Tot aanvaarding der taak verklaarde ik mij alleen dan bereid, zoo de platen tot begeleiders mochten dienen van historische schetsen over den gang van „Gods Openbaring tot redding eener in zonde wegzinkende menschheid." Zoodra de Heer CAMPAGNE verklaarde, hierin te kunnen treden, nam ik dan ook de taak op mij, om, zoo de noodige medearbeiders te vinden waren, de uitgave te bezorgen van een veertigtal schetsen onder den titel: „Bijbelalbum, Geschiedenis der Openbaring in Beeld en Schrift." Met duidelijke aanwijzing van de hoofdstrekking, die m. i. dit werk zou moeten hebben, noodigde ik daarop een aantal godgeleerden, wier bijzondere studie niet te ver afweek van den aard dezer uitgave, tot medewerking uit. Bijna aller antwoord was gunstig, en de conditioneele toestemming tot gebruik van hun naam, door sommigen gegeven, scheen mij niet zoo belemmerend, of, met hoop op goed gevolg, zette ik mij tot het schrijven der inleiding, die het standpunt, den aard en het doel dezer uitgave voor het publiek moest verklaren.

Deze taak was niet licht. Gevoelt men, dat de gemeente in onze dagen niet aan zwevende ontwijkingen van wat voor haar een levensvraag is, maar aan een hartsterkend ja of neen omtrent de betrouwbaarheid van haren Bijbel behoefte heeft, dan zal men gereedelijk toegeven, dat de vraag naar de verhouding tusschen Gods Woord en de Schrift, in deze inleiding niet slechts aangestipt, maar met eenige grondigheid behandeld moest worden. Juist hieraan echter kleefde een eigenaardige moeilijkheid; eensdeels, wijl er niet twee godgeleerden in ons land zijn, die hierover tot in elke bijzonderheid een gelijk gevoelen hebben, en anderdeels, wijl men, ook bij eenstemmigheid der gedachten, zoo zelden eensluidend bleek in het woord, waarin men die gedachte uitsprak. Ik deinsde hiervoor echter te minder terug, wijl dit gebrek aan eenparigheid van zelf het recht tot zekere elasticiteit van uitdrukking met zich bracht, en legde na volbrachten arbeid de pen neder in het stil vertrouwen, dat juist het vooropstellen van het geloofselement en het ontwerpen, niet van enkele trekken, maar van een beeld, dat zekere geheelheid vertoonde, aan allen, wier medewerking mij was toegezegd, een goeden bodem zou dunken, om samen op te staan en samen op te werken.

Al spoedig bleek het echter, hoe deerlijk ik mij bedrogen had. Bij tusschenpozen werd ik door vijf der op het titelblad vermelde medearbeiders verrast met een schrijven, dat alle uitzicht op hun steun voor goed in rook deed opgaan. Waaraan dit lag? Ik weet het niet. Zeker niet daaraan, dat ik *vóór* eenige rigting in mijn inleiding partij gekozen, of *tegen* eenige rigting mij verklaard had. Integendeel. Er waren er van de *critische* rigting, die bereid waren meê te gaan. Er waren er van de *ethische* rigting, die mij een warm woord van instemming zonden. Er waren er van de *confessioneele* rigting, die niets tegen hadden op wat ik schreef. Er waren er van zeer streng *gereformeerde* rigting, die zich zeer wel vinden konden in mijn woord. Er waren er eindelijk onder de „Vermittelungstheologen", die vrij wel zich terug-vonden in mijne uiteenzetting. Aan richting kan het dus wel niet geschort hebben. Waaraan dan? De een kon moeilijk meêgaan, wijl hij zich in een zijner ge-schriften anders had uitgelaten. Een ander nam het op voor de zijns inziens door mij miskende kritiek. Een derde achtte dat zijn medewerking een „dienen van twee heeren" zou zijn. Een vierde moest zich terugtrekken, wijl mijn kerkbegrip het zijne niet was, al onthield hij mij de aanwijzing van wat mijn kerkbegrip met een stuk over Gods Woord van doen had. Een vijfde eindelijk vond mijn stuk „te wonderlijk, te vreemdsoortig". Hierin alleen scheen aller tegenstand zich te ontmoeten, dat ik te voetstoots de stelling aanvaard had: „*de Schrift is Gods Woord*," en tot geen prijs die muurvaste geloofsbelijdenis van Jezus' levende gemeente wilde prijsgeven.

In dien stand van zaken kon er natuurlijk van een poging tot vergelijk geen sprake zijn. Zoo de één zegt: „Gods Woord is niet de Schrift, maar *in de Schrift*," en de ander ontkent dit, dan is er een geloofsverschil, dat elk ge-zamenlijk spreken tot de gemeente onmogelijk maakt. Mij althans is het volstrekt ondoenlijk, ondoenlijk om des geloofs wille, ook maar een tittel van de door mij beleden uitspraak te laten vallen. Natuurlijk zou ik door minder vastheid van overtuiging bij mijn medearbeiders te onderstellen, hun geloofseer te na zijn gekomen, en ik zag derhalve van elke poging, om hen vooralsnog te winnen, niet zonder smartgevoel af.

Met den uitgever raadplegende, wat als nu te doen stond, gaf ik hem als mijn gevoelen te kennen, dat het gesmaldeelde stel van medearbeiders te weinig „ensemble" aanbood, om op den voorgestelden voet door te gaan, en dat derhalve slechts deze beide wegen openstonden: dat òf de redacteur òf de medearbeiders terugtraden. Het werk zou, òf door mij alleen voltooid moeten worden, òf mijn naam van de uitgave worden afgescheiden en een ander redacteur gezocht.

De Heer CAMPAGNE is er in geslaagd dit laatste in den Heer Dr. A. W. BRONSVELD, predikant te Haarlem, te vinden. Daar deze niet behoorde onder het vijftal, dat tegen mijn inleiding protesteerde, kon ik mij natuurlijk in deze keuze niet dan ten zeerste verblijden. Alleen het optreden van een der protesterenden zou mij gesmart hebben.

En zoo vinde dan nu dit stukske, dat ik, ter wille eener juiste beoordeeling geheel onveranderd, op verzoek van den uitgever, liet overdrukken, als eenige zijnen weg. Ook zoo bevestige het nog een enkele wankele ziel in het geloof aan de vastheid der Schrift als het Woord Gods, en arbeide zoo meê aan die betere toekomst, waarin althans over het eerste noodige geen scheidend verschil meer tusschen Christelijke godgeleerden zal bestaan.

AMSTERDAM, 11 November 1870.   K.

De Gemeente van Jezus Christus beleed door alle eeuwen, en belijdt nog, dat *de Schrift is Gods Woord*. Dat is haar dogme, haar leerstuk. Ze spreekt dit uit, niet als slotsom eener wiskunstige berekening, niet als spitsvondig resultaat eener dorre, afgetrokkene scholastiek. Een dogme, in echten zin, is haar nooit iets anders, dan de juiste formuleering van eene haar door geestelijke ervaring bewust geworden zedelijke waarheid.

Zoo ook hier. Zij belijdt dat de Schrift Gods woord is, niet omdat die Schrift het haar getuigt. Dit toch zou een cirkelbewijs zijn, vooral bij zoo hoogheilige zaak den denkenden geest volstrekt onwaardig. Maar, op grond van geestelijke ervaring wetende, dat de kracht, die van dit Woord uitgaat, goddelijk in oorsprong en goddelijk in werking is, spreekt zij deze geloofservaring uit in woorden, die aan die Schrift ontleend zijn. Niet haar denken, maar haar eigen leven strekt ten bewijs, dat elke afwijking van die belijdenis, hoe gering ook, een zedelijke dwaling, een verzwakking van haar geestelijke kracht, een ziekteproces in haar organisme ten gevolge heeft. Krachtens de ervaring weet ze dat haar eigen bloei steeds met den bloei dier belijdenis samenviel. Ze weet, dat haar levenskracht gezonder werd, naarmate die belijdenis meer waarheid in haar leven was, en dat de dagen van verslapping, inzinking en teruggang steeds van de vervalsching dier belijdenis dagteekenden.

Vandaar het rechtmatig verzet der gemeente tegen de stelling van het halfgeloof, dat Gods woord niet de schrift zelve, maar dat *in de schrift Gods woord is.*

Het bewijs voor die stelling scheen licht. Men vroeg slechts, of het woord van Satan in Genesis' derde hoofdstuk, het hoovaardig Caïn's woord «Ben ik mijns broeders hoeder?», zoo menig woord niet *door* God, maar *tot* den Heer gesproken, zoo menige uiting der zonde en der godslastering, der vervloeking en der goddeloosheid, niet te sterk tegen de bewering der gemeente indruisten, om haar ernstige bestrijding waard te achten. Hoe, zoo wierp men der gemeente tegen, wordt dan in die schrift zelve niet het Woord Gods van der menschen woord onderscheiden? Waar een deel dier schrift zich uitdrukkelijk als woord Gods aankondigt door het plechtig opschrift «*alzoo spreekt de Heer,*» — is het daar niet een eisch dier schrift zelve, dat men het goddelijk karakter ontzegge aan wat dat stempel der goddelijke echtheid mist? Gij, o! gemeente des Heeren, zegt voor het gezag dier schrift u te zullen nederbuigen. Welaan, in naam dier schrift zelve, eischen we dan ook, dat ge de onbegrijpelijke dwaling van het voorgeslacht zult prijsgeven, en met ons erkennen, dat niet die schrift zelve, maar *in* die schrift Gods woord is.

Weerlegd is dat beweren, toen het opkwam, niet. De gemeente miste daartoe de geestelijke kracht. De aangevochten belijdenis was haar zelve daartoe te uitwendig geworden. Ze leefde niet *in* de waarheid die ze met de lippen beleed, en was dus tot verdediging onmachtig.

Maar toch, in den strik vangen liet ze zich evenmin.

Ze kon niet gelooven, dat de vaderen onzer kerk, dat de helden der hervorming, dat de godgeleerden uit den bloeitijd van haar leven zóó argeloos, zóó stompzinnig zouden geweest zijn, om een zoo eenvoudige bedenking, «dat het woord van Satan geen woord Gods is» niet te zien. Kón dit hun helderen geest niet ontgaan zijn, en hadden ze nochtans aan de belijdenis der kerk vastgehouden, dan kon zulk een tegenwerping ook thans geen oorzaak worden, om voetstoots de oude belijdenis prijs te geven. Het gebezigd argument was *te overtuigend* om te kunnen *overtuigen*. En daarom, al was men tot weerspraak onmachtig, men bleef ongeneigd, om óf het wantrouwen in den tegenspreker, óf het vertrouwen in de geloofshelden van het voorgeslacht te laten varen.

Als bij instinct speurde de gemeente dat er vijandschap tegen de Schrift, in die schijnbaar zóó onschuldige wijziging van haar leerstuk school. Er werd zoo telkens *bijgezegd*, dat men het deed, om de waarde der schrift te verhoogen. En men hoorde ze dit wel zeggen, maar.... men voelde het niet. Met juisten tact doorzag de gemeente zeer wel, dat de aangeprezen onderscheiding een schifting noodzakelijk maakte, waarbij menschelijke wilkeur, ten leste beslissen zou. Eerst, ze gevoelde het als bij instinct, zou men nog zeer veel als goddelijk woord laten doorgaan. Slechts wat tastbaar van ongoddelijken oorsprong was, zou zijn goddelijk karakter inboeten: Uit behoefte om te toonen, hoe hoog men Gods woord in eere hield, zou vooreerst als woord Gods gehuldigd blijven, wat ook maar eenigzins, wat ook maar van verre tot den Heer kon worden teruggebracht. Maar allengs zou men scherper toe gaan zien.

Was slechts eenmaal het *recht* tot schifting toegegeven, steeds verder zou men het g e b r u i k van dat recht uitbreiden. Wat niet strookte met eigen inzicht, wat men zelf voor onwaar hield, zou natuurlijk ongoddelijk worden gekeurd. Zoo zou het edel deel der schrift al meer inkrimpen en het woord Gods in de schrift zeldzaam worden als het goudzand in de stroombedding. Hoe meer men zelf van de waarheid der schrift vervreemd geraakte, des te minder waarheid zou voor het geestesbesef als goddelijk woord in die schrift overblijven. En kwam eenmaal de dag, dat de breuke met die schrift in het eigen hart geheel voltrokken werd. dan zou het vindingrijk vernuft ook den toetssteen wel aanwijzen, waarvoor de beweerde echtheid ook van het langst gespaarde deel der schrift bezweek.

De mannen der wetenschap toornden tegen die taaiheid der gemeente. Vooral het uitblijven van wetenschappelijke tegenspraak maakte hen ongeduldig. Ze vroegen zich af, waarom ze langer nog een slag van lieden ontzien zouden, wier hardnekkige onverzettelijkheid immers het stelligst bewijs was voor hun ongelijk. Niet lang meer, of de poging om te winnen ontaarde in vinnige bestrijding. De bestrijding ging welhaast in grievende bespotting over. En toen ook de spot haar wondenden prikkel scheen te missen, zocht men heul in hooghartige meêwarigheid. Meelijdend haalde men de schouders op over die ongeneeslijk kranken van geest, over die door dweepzucht verblinden, over die onverbeterlijke schriftgeloovigen. Ze niet meer te bestrijden, scheen de kortste weg tot uitroeiing van eene dwaling, die immers wegstierf met den dag!

Toch leeft ze nog! leefde ze weer op met verdubbelde

kracht! Al smolt de belijdende gemeente ook weg tot in de laagste rangen der maatschappij. Al waren ze eenlingen geworden, die in beschaafder kringen nog tegen den stroom der meeningen dorsten oproeiien. Toch behield ook bij zoo ongunstige verhouding de belijdenis der gemeente haar kracht. Ze bloeide niet. Ze schitterde niet in haar schoonheid. Ze verbaasde niet door haar kracht. Maar toch, ze bleef. Onder de asch bedolven, maar toch niet uitgedoofd, gloorde haar inwendige levensgloed.

Het is zoo. Zonderling waren de meeningen, die de eenvoudigen in den lande daarbij in hun verlatenheid soms vormden. Er waren er, die dachten, dat onze hollandsche bijbel, zooals hij daar lag, uit den hemel was gevallen. Dwaas, zoo ge wilt! maar toch, benijdenswaardige poëzie van het eenvoudig geloof, veel rijker, veel verhevener dan de schoolsche veelwetendheid, die van een gave uit dien hemel niet wist.

Die ongezeggelijken, die lichtschuwen, ze zijn de schatbewaarders der menschheid geweest. Zooals wij met het fijne plantgewas in den winter doen, zoo deed God met de belijdenis van zijn woord. Als de koude snerpender wordt, en vorst te duchten is, nemen wij de potgewassen uit onze tuinen weg, en brengen ze, de trappen af, in het lichtschuw, overwulfde kelderruim. Daar verliezen ze wel hun blad, daar vergeelt wel het groen aan den stengel, daar zweert de stengelknop wel schimmel uit, maar toch... de plant blijft leven. Straks wenkt de lentezon weer. Dan worden ze uitgedragen. En de krank geworden plant herleeft, en door de dorre schel henen bot het jeugdig groen weer uit, om den naakt geworden stam met blad en bloesem te bekleeden. Evenzoo ging het met de belijdenis der schrift. Toen de koude adem van het rationalisme haar met den dood bedreigde, werd ze uit den lichtglans van het maatschappelijk leven weggedragen naar de laagste verdiepingen van ons volksleven. Dáár, in die kelders der maatschappij, weerde de natuurlijke levenswarmte de doodvriezende koude van het ongeloof, dáár kon de belijdenis der schrift blijven leven. Wel dor en verstramd. Wel krank en ziekelijk. Wel zwervend en geurloos. Maar toch ze bleef leven. En thans, nu weer de geloofszon haar lentestralen schoot over de hoogere klasse van ons volksleven,... nú wordt die belijdenis weer uit haar schuilhoek naar buiten gedragen, en.... vergissen we ons.... of is het eerste uitbotten van haar stengels reeds te zien?

En nu, wie zal den donkeren kelder minachten omdat hij uw plant wel bewaren, maar niet dan vergeeld en krank geworden kon teruggeven? Maar dan wachte zich ook de man des geloofs, wien thans meerder licht geschonken werd, om uit de hoogte op die eenvoudigen in den lande neer te zien. Zij deden wat ze konden. Ze bewaarden uw plante. Weet gij er hun dank voor! Dat ze ziekelijk werd, was niet te mijden. Maar zonder die lichtschuwen in het lagere volksleven had uw plante *niet meer geleefd.*

Intusschen geen oogenblik mag de gemeente vergeten, dat die bestrijding van haar belijdenis, uit haar eigen boezem, uit de gemeente zelve is voortgekomen. Dwaling en ketterij kwamen in de laatste eeuwen niet van buiten in, maar wortelden steeds in de zonde der gemeente. Er moet dus òf in haar belijdenis van de schrift, òf in het gebruik van die belijdenis gemaakt, na de hervorming een zeer grove dwaling zijn ingeslopen, zal de heftige bestrijding van die belijdenis worden verklaard. Zulk een tuchtiging als thans weer over de gemeente ging, en nóg haar in het aangezicht striemt, kan niet anders dan het natuurlijk gevolg van eigen ontrouw zijn. Het kwaad dat over haar komt is uit haar zelve, al is het God die het tegen haar keert. En ook hier is het opsporen van die dwaling niet moeilijk.

Onze hervormers hebben de leer der schrift niet afgehandeld. Met wat reuzenmoed ze zich ook op die ontzachlijke taak geworpen hebben, zij zelven waren de eerste om te erkennen, dat ze die taak onafgedaan lieten en allerminst, om met à Lasco te spreken, «*de ontwikkeling van volgende eeuwen wilden afsnijden, bij hét meerder licht, dat het God believen zou, voor volgende geslachten te ontsteken.*» Toen zij ten grave waren gedaald begreep men dit nog, en de epigonen van hun geest hebben voortgearbeid in hún spoor, naar hún trant, zij het ook op zekeren afstand, maar toch met iets van den geloofsmoed waarin de kracht onzer Hervormers lag Maar het derde geslacht verflauwde reeds in ijver. Het oude zuurdeesem van Rome begon na te werken. De scholastiek moorde het leven. Te kleingeloovig om in de eeuwige diepte der waarheid zelve in te zien, vermeide men zich liever in wat anderen daarvan beschreven hadden. De rechtzinnigheid hield op levensuiting te zijn. Het geloof stroomde niet meer, maar vroor vast in onbewegelijken vorm. «Beati possessores!» werd het refrein der gemeente. De goudmijn werd dicht geworpen en aan het uitdelven van nieuwe schatten niet meer gedacht.

Vraagt men, in welken vorm dit kwaad uitkankerde, dan zeggen we liefst, dat men de belijdenis: *de schrift is*

Gods woord in een zin begon op te vatten, als of bedoeld ware: *de schrift heeft tot inhoud* een reeks van *woorden Gods*. Gods *woord* werd in *woorden* Gods veranderd, en daarmee het woord Gods in zijn diepsten zin vernietigd. Men verlaagde het heilig boek der gemeente tot een K ò r a n der christenheid. Zeer terecht is het nog onlangs door een Leidsch hoogleeraar opgemerkt, dat de krachteloosheid van het Mahomedanisme en de kwijning van Turkije's macht noodzakelijk voortvloeit uit het eeuwig geldend karakter dat ze aan het m e n s c h e l ij k werk van hun Kòran toekennen. Want natuurlijk. Mohammed heeft zijn bepalingen gemaakt met het oog op de volkstoestanden van de 7^e e e u w, die voor het geslacht der 19^e e e u w niet dan belemmerend werken kunnen. En tot zulk een w e t b o e k wilde men ook de H. Schrift verlagen. Een aaneenrijging van woorden, een samenschakeling van bepalingen achtte men den Bijbel, een bonte dooreenmengeling van zedelijke en godsdienstige waarheden, die met volstrekte miskenning van den samenhang, met voorbijzien van het geestelijk organisme der schrift, op den klank af geciteerd werden, gelijk de advocaat met de artikelen van zijn wetboek pleit. Maar juist daardoor ging dan ook het g o d d e-lij k, het eeuwig karakter der schrift teloor. Men zag alleen de oppervlakte, zonder te gissen naar de eeuwige diepten die zich daaronder openden. Het van leven tintelend Woord, dat in zijn eeuwig onuitputtelijken rijkdom een antwoord op de vragen aller eeuwen, een bevrediging voor de behoefte van alle geslachten, een bezielende levenskiem voor elk menschenhart draagt, werd verstikt tot een doode lettermassa, tot een ziellooze woordenreeks. Afgetrokken van het leven Gods kon het ook den mensch geen leven brengen. Er kwam iets bibliolatrisch, iets fetishachtigs in het vergoden van die papieren bladen waarvan men, als het stofgoud van den vlinder, den lichtenden dauwdrop des geestes had weggeblazen.

Reeds daarom meenen we, dat een werk als we thans het publiek aanbieden, zijn nut kan hebben. Er is een ontwaking des levens. Het glijden op de oppervlakte bevredigt niet meer. Er zijn geloovige zielen die weer genieten, die zich weer verfrisschen willen, door zich te dompelen in de diepten van Gods woord. Een verlangen is ontbrand, om weer zelf iets van de heerlijkheden van dat Woord te aanschouwen. Juist tegenover de roekelooze verwerping der schrift, is een begeerte ontwaakt om het niet maar anderen na te zeggen, maar het zelf te ervaren, dat die Schrift Gods woord is. Nu zoovelen hun bijbel aan flarden hebben gescheurd, is aan anderen die schrift te dierbaarder geworden. Het werktuigelijk doorbladeren voldoet niet meer. Het verzegeld laten van het grooter deel des bijbels wordt in veler oog onhoudbaar. Het stof wordt weggevaagd. Het schrift weer opgewerkt. Men wil weer lezen wat er staat. Weer in den gloed zich verlustigen, waarbij de verborgen diepten zichtbaar worden onder dat goddelijk woord. Hun, die dat met ons najagen, zal een geschiedenis der openbaring, althans in haar schitterende hoofdtrekken, volstrekt behoefte zijn.

Maar niet uitsluitend de reeds ingewijden in de geestessfeer der schrift biedt deze schetsenreeks haar leidende hulp. Ook bij anderen, die nog van verre staan, beoogt ze een meer onmiddelijk doel.

Niet allen in de gemeente zijn òf schrift*belijders* òf schrift*bestrijders*. Er is ook een breede tusschenstroom van nog onbeslisten, die nog niet gewonnen, maar ook nog niet ontvallen zijn. O! ze worden nog altijd bij duizenden in de gemeente geteld, die, al prikkelt hun geen dorst naar de heerlijkheid van Gods woord, toch van die schrift niet los zijn. Wel hoorden ook zij het geroep van «Zij is gevallen, zij is gevallen!» dat op zegepralenden toon hun van de overzijde in de ooren klinkt. Wel neigden ze soms, om het den bestrijder der schrift gewonnen te geven. Maar toch,... de nawerking van het verleden, de in bloed gedoopte lauweren waarmeê die schrift omkranst is, de bezielende adem die hun zelven soms van die bladen tegenstroomde, is hun te machtig. Er is nog een onzichtbare draad, die de ·fijnere vezelen hunner ziel aan die schrift gebonden houdt. Ze gevoelen het nog: door algeheele losscheuring van die schrift, zou een hoogst teedere plek van hun eigen zielsleven al te gevoelig worden gewond.

En toch,... ze verdedigen hun kleinood niet met geestdrift. Meer schuchterheid der schaamte, dan fiere geloofsmoed, spreekt uit den moedeloozen toon, waarop ze tegen den rusteloozen aanval zich half-wijkend verweren. Meer uit plicht dan uit overtuiging is hun strijd. Zoo men hen maar *persoonlijk* ongemoeid liet, zouden ze de vernielende kunstbewerking, waaraan die Schrift onderworpen wordt, ongestoord laten voortgaan. En daarom, wat maar eenigzins kán worden toegegeven, géven ze toe. Ze zien het aan, dat gansche stukken uit hun bijbel onbarmhartig worden weggecritiseerd. Over zoo menig deel der schrift haasten ze zich zelven een sluier te werpen. Och, waarom is hun bijbel ook zoo vreemd? Ze zouden zoo willen, dat de schrift anders was: minder vat op zich gaf: niet zooveel onmiskenbare vlekken vertoonde. En daarom, ze vergoelijken wat hun zelven niet boven bedenking schijnt. Liefst zwijgen ze, waar ze zwijgen kunnen, en eerst, als ze, in den laatsten schuilhoek teruggedrongen, worden opgeëischt, om nu dan ook de laatste gevolgtrekking te aanvaarden: «dat *dus* de schrift *niets* dan menschenwerk is»,... eerst dan leeft de geloofsmoed weer op en worstelen ze uit kracht van overtuiging tegen de leugen die men hun opdringt.

En geen wonder, want, zelven ongewapend, moeten ze den kamp opnemen tegen een van top tot teen geharnasten, weltoegerusten vijand. *Ze kennen de schrift niet,* wier eer ze moeten handhaven. Ze bewegen zich met van die schrift te spreken, op onbekend terrein. Ze hebben de sleutel verloren, die hun het rijkgevulde arsenaal ontsluiten kon. Wat ze verdedigen, is n i e t d e w e r- k e l ij k e s c h r i f t, maar een zwevend, nauwlijks herkenbaar en bewegelijk s c h a d u w b e e l d, dat men hun van die schrift heeft voorgehouden. Wat lazen ze van die schrift? Vooral, wat lazen ze van die schrift in samenhang? Enkele capittels kwamen hun bij de huislijke godsdienstoefening ter oore. Enkele brokstukken hebben ze nageslagen, toen ze nog teksten uitschreven in het catechisatieboek. Enkele verzen hoorden ze voorlezen bij den aanvang der prediking. Het oude verbond is door de onzinnige praktijk, om slechts het nieuwe testament bij onze kerkboeken te binden, voor de meesten geheel verzegeld gebleven. Wat ze weten van de bijbelsche geschiedverhalen, heeft meer bij overlevering hen bereikt, dan dat het door eigen lezing in frissche werkelijkheid voor hen zou zijn getreden. Van Genesis lazen ze iets, een deel misschien ook van het tweede boek van Mozes. Iets van Ruth en Samuël en de boeken der koningen. Iets meer van de psalmen misschien. Maar, zoo ge een tiental Messiaansche profetiën daarbij voegt, is zeker voor verreweg de meesten de kennis van het oude testament reeds ten einde. En met het nieuw verbond is het niet veel beter. Hoe weinigen lazen ook maar een enkel evangelie in samenhangende volgorde door? Wat zijn de brieven der apostelen voor de meesten anders, dan het breedsprakig omhulsel van enkele wonderspreukige geloofswaarheden? Van Joannes' Openbaring spreek ik zelfs niet. Hoe lange jaren was het niet in zwang, om de eereplaats bij het godsdienst-onderwijs te geven, aan wat ter tegemoetkoming van het geheugen zich in getalreeksen liet samenvoegen : de *zes* scheppingsdagen, de *tien* plagen van Egypte, de *tien* geboden, de *twaalf* zonen van Jacob, de *twaalf* apos-telen, de *zeven* kruiswoorden, de *twaalf* geloofsartikelen, de zooveel wonderen, de zooveel gelijkenissen, de zooveel verschijningen enz. ? Wat anders maakte men, en wat maakt men veelzins nog van de bijbelsche geschiedenis dan een beeldengallerij van uitstekende mannen, en vrouwen, en kinderen, wier eenig raison d'être, wier eenig levensdoel scheen bestaan te hebben in het achterlaten van hun lofwaardig voorbeeld? Lag het dan niet voor de hand, dat ongemerkt beelden uit het eigen volksleven de gewijde gestalten op zij drongen en on-bewust de grenslijn van ongewijde en heilige geschiedenis werd uitgewischt? Ja, kon men zich wel altijd aan den indruk ontworstelen, dat menig treffend voorbeeld uit de heidenwereld de lang niet vlekkelooze gestalten van Israëls helden in schoonheid en bezieling overtrof? Moest niet de profetie in veler schatting een mechanisch, tooverachtig, zoo maar niet noodeloos, uitspreken van raadselachtige voorzeggingen worden, zoo men niet anders van haar vernam, dan dat eeuwen terug de geboorte van Jezus en zijn lijden een tiental malen was voorspeld geworden? Wat weet het grooter deel der gemeente van de schitterende vergezichten, die de eschatologie der schrift ons schier op elke bladzijde te aanschouwen geeft? Wat bleef nog bij de gemeente over van de kennis der heilige symboliek, die, als in een kunstig gebeeldhouwde lijst, elk tafereel der schrift omvat? Hoe ver is niet de meening doorgedrongen, dat de zedeleer van Jezus in uitnemendheid zeer verre die des ouden verbonds overtreft? Wat is het zwervend Israël voor de meesten anders dan een antiquarische curieusiteit, die door moderniseering allengs zal samengroeien met het volk dat hen omringt? Helaas, men verstaat het *abc* der schrift zelfs niet meer. Van de school gebannen, bij den huisdisch in onbruik geraakt, zelfs bij het godsdienstonderwijs door handleidingen en excerpten verdrongen, is de goede oude bijbel voor maar al te velen, erger dan een gesloten boek geworden: een boek nog wel somtijds geopend, maar aan welks taal en geest men is vervreemd!

Neen, onze gemeente doorleeft het niet meer wat Wolfgang Menzel onlangs zoo bezielend van dien bijbel schreef. «Dat hij is het boek der boeken, de springader des eeuwigen levens, de bron aller vertroosting en de fontein der sterkte voor allen, wie kommer des levens of aanvechting der ziele beangst. Een schild en wapen in de hand der onschuld, een wekker ten leven voor wie in geestelijken slaap verzonken liggen, een leidsman door den doolhof der zonde, een rustelooze wreker voor hen die in de zonden volharden. Een boek, zonder wederga op aarde, welks inhoud als een blik des Eeuwigen zelven doordringt in het diepst der ziel, menschkundiger dan alle wetboeken, rijker dan alle leerboeken, met veel schooner poësie dan in alle zangen der wereld. Een boek, welks woord zachter dan moedertaal in het harte glijdt, en toch weer van zoo oneindige diepte, dat ook de stoutste denker het niet doorgrondt, noch de adelaarsvlucht des geestes tot zijn hoogten opstijgt. Bevattelijk voor den eenvoudigste en toch den beschaafdste nog beschavend, nog met vormingskracht voor den ontwikkeldste van ons geslacht. Een licht uit hooger zalen tot ons geweld, van meer dan zonnengloed doorglansd. Een ademtocht uit de sfeeren der eeuwigheid, die zelfs het gelukkigst menschenkind op aarde van verterend heimwee smachten doet, en het kind der smarten te midden zijner bange vreeze met onuitsprekelijke vreugde doortintelt. Kortom, een woord uit gindsche gewesten, dat vrijspreekt en veroordeelt, de wonde openrijt om ze met zijn balsem te heelen, dat doodt en levend maakt tevens!»

Meer dan men misschien vermoedt, kan een samenhangend overzicht van de geschiedenis der openbaring aan die onmiskenbare leemte te gemoet komen. De golving van den stroom des levens moet in die Schrift weer zichtbaar worden. De gouden draad weer worden aangewezen die de paarlen der Schrift tot één ondeelbaar snoer te zamen rijgt. In die vormelooze trekken waarop men staarde, moet het sprekend Godsbeeld weer opleven. De eerbied van het Godswoord moet in de veelheid der woorden weer worden erkend. Als één machtige, steeds voortschrijdende, alle bijtafereelen beheerschende openbaring moet de heilige inhoud dier Schrift zich weer opdringen aan het bewustzijn der gemeente. Dan zal men haar niet meer diets maken, dat liefde voor God en den naaste, reeds in Sinai's wet geboden, het onderscheidend kenmerk van het Christendom is. Dan zal waarheidsliefde weigeren te zwichten voor de valsche bewering, dat de Christus der Bergrede de Jezus der modernen is. Dan zal niet langer de Heilige Schrift onder een stroom van stichtelijk geschrijf bedolven worden. De gemeente zal tot haarzelve komen. Ze zal haar rijkdom ontdekken. Ze zal zich zelve verbazen, hoe ze, met zulk een gulden schat in handen, in zulk een geestelijke armoe kon wegkwijnen. Er zal weer uit de Schrift geleefd, weer uit de Schrift gedacht, weer uit de Schrift gebeden worden, en nog eens door geestelijke ervaring het Goddelijk erfstuk der Christenheid als het woord des Almachtigen Gods aan het hart der gemeente worden betuigd.

Natuurlijk kunnen de schetsen die we hiermeê inleiden slechts een kleine bijdrage zijn ter bereiking van dat grootsche doel.[1]) Ze beoogen dan ook geen wetenschappelijk betoog, maar slechts meêdeeling aan denkende gemeenteleden, van die elementaire gedachten, waarin de geschiedenis der Openbaring haar grondlijnen vindt. Haar bewerking door verschillende auteurs doet ongetwijfeld het gespierde der eenheid schade, maar is vooral met het oog op de sterke nuanceering van het gemeenteleven onzer dagen een te krachtige aanbeveling, om haar te mijden. Een geschiedenis der openbaring, door een enkele hand bewerkt, zou bovendien van zelf een te wetenschappelijk, een te polemisch en te apologetisch karakter verkrijgen. Het zou uitwassen tot een breedte die slechts weinigen omvatten, moeten afdalen in diep-

---

[1]) Vergelijk de voorrede.

ten, die slechts enkelen volgen konden. Juist door schetsen, als hiermee worden aangeboden, kan de gemeente in veel wijder kring bereikt worden. Het gedeelde van den inhoud zal van zelf verpozing aan de inspanning der gedachten gunnen, en het weglaten van menig detail het inzicht in de hoofdgedachten der openbaring bevorderen.

Onnoodig scheen het, de openbaring, wier geschiedenis zal geschetst worden, door nadere bijvoeging, als *bijzondere* openbaring aan te duiden. Daargelaten toch het zwevende dier onderscheiding van *byzondere* en *algemeene* openbaring, vloeit reeds de beperking tot de eerstgenoemde van zelf uit het denkbeeld van g e s c h i e d e n i s voort.

Zwevend achten we die onderscheiding, wijl de term openbaring niet beide malen in gelijken zin wordt gebezigd. De zelfmededeeling Gods aan den z o n d i g e n en aan den z o n d e l o o z e n mensch is niet slechts in *graad* van klaarheid, maar in *beginsel* van werking verschillend, en beiden kunnen slechts bij benadering onder het ééne begrip van *openbaring* worden saamgevat. Niet alsof, ware de levensgezondheid van ons geslacht *niet* door de zonde verwoest geworden, die mededeeling van Godsleven slechts een willoos, pantheïstisch doorschijnen van den Eeuwige in zijn schepping zou geweest zijn, onbewust, gelijk de starren flonkeren, zonder heur gloed te kunnen inhouden. Neen, ook vóór den val in zonde en bederf, was die mededeeling van Godsleven een persoonlijke d a a d van zijn bewuste, in wilskracht zich uitende liefde. Maar toch die zelf-meêdeeling kon niet allereerst het karakter van *openbaring* dragen. Er was geen verberging, of het moest die der nog niet uitgestroomde eeuwige volheid, die der nog niet ingedronken onuitputtelijke weelde geweest zijn.

Zoo was het eer de zonde geboren werd. zoo zal het zijn als eens de zonde uit onze schepping zal zijn uitgedragen. Geen volstrekte verberging en daarom ook geen openbaring in een zin die de diepte van dit woord uitput. En ook voor het tragisch, tusschenbedrijf, waardoor dat heerlijk verleden het onze n i e t m e e r, en die heerlijke toekomst de onze n o g n i e t is, mist, wat van Gods heerlijkheid in zijn schepping overbleef, dat echte kenmerk, waardoor het begrip van «openbaring» is bepaald. Denkt men de zonde weg, dan is er l e v e n smeêdeeling Gods, die' van het c e n t r u m uitgaat en naar den o m t r e k henenleidt. Met de zonde is het o p e n b a r i n g geworden, die van den buitensten omtrek naar het centrum terugvoert, om ten slotte eerst levensmeêdeeling te worden.

Maar ook al wil men de golvingen van het leven Gods onder de oppervlakte der gevallen schepping, nog met den naam van algemeene of natuurlijke openbaring blijven bestempelen, dan nog kan van een g e s c h i e d e n i s dier openbaring nimmer sprake zijn. Ons *inzicht* in die openbaring moge van het mindere tot het meerdere voortschrijden. Onze *kennis* van die openbaring aan de wet der ontwikkeling onderworpen zijn, en dus een geschiedenis van de *subjectieve toeëigening* dier openbaring zich denken laten. Maar op zichzelve beschouwd is een ontwikkeling dier openbaring volstrekt ondenkbaar, en kan dus niet gezegd worden, dat ze een geschiedenis doorloopen heeft.

Wel is de n a t u u r niet stationair, en hebben de wijzigingen die haar leven ondergaat, hebben vooral de

verstoringen die haar loop telkens verbreken, een geestelijken wortel en dus beteekenis voor het Godsrijk. Wel
is de geschiedenis der van God vervreemde volkeren
geen eindeloos zichzelf repeteeren, maar het doorloopen
van een proces, dat leiden moet tot een door God ge-
wilde uitkomst. Wel is het geweten der menschheid
geen onveranderlijk in•erts gedreven letterschrift, maar
een steeds zich ontwikkelend, in vaste orde, uitspreken
van de onder het hart weggezonken Goddelijke wet.
Maar reeds tot dit inzicht is hooger licht dan dat der
natuurlijke openbaring van noode. Wie dus spreekt be-
schouwt de algemeene openbaring reeds niet meer op
zichzelve; maar beschenen door dat hooger licht, dat
alleen de openbaring van het eeuwig leven in «Gods
«Woord» ontsteekt.

De bijzondere openbaring daarentegen is uit haar
aard aan een geschiedkundig verloop gebonden. Is de
heerlijkheid Gods in de schepping, is zijn beeld in zijn
schepsel verduisterd, dan is kennisse van God voor zijn
schepsel alleen mogelijk, zoo de Eeuwig Ongeziene hem
weder openbaar wordt. Dat openbaar *worden* nu
brengt het denkbeeld van geschiedenis dier openbaring van zelf met zich.

Mocht men vreezen, dat het goddelijk stempel dier
openbaring te loor zal gaan, zoo men aan een voortgang
van minder tot meerder licht hierbij plaats geeft, we
zouden dan liefst op de woorden van onzen grooten Calvijn wijzen, die, ter weerlegging van dit ongerijmde ver-
moeden, met zooveel juistheid in zijn «*Institutie*» schreef:
«Daaruit dat God zich in den loop der eeuwen gedurig
«op andere wijzen geopenbaard heeft, naar den eisch,
«dien elk dier eeuwen met zich bracht, volgt in het

«minst niet, dat God zelf daarom aan veranderlijkheid «onderhevcn zou zijn. Immers, een landman die zijn dag- «gelders des winters anderen arbeid aanwijst dan in den «zomer, zal daarom door niemand van gril of luim ver- «dacht worden, en schendt daardoor van verre zelfs de «onverbrekelijke wet van den landbouw niet, die «onveranderlijk in de vaste ordening der natuur is gegrond. «En evenzoo, wijl een vader zijne zonen op geheel an- «dere wijze in het kindervertrek toespreekt, opvoedt en «behandelt, dan wanneer ze tot knapen zijn opgegroeid, «en geheel anders weer als ze den jongelingsleeftijd «zijn ingetreden, zal niemand beweren, dat hem vast- «heid van karakter ontbreekt of wispelturigheid zijn «opvoeding ontsiert. Welnu, wie zal dan van veran- «derlijkheid in God willen spreken, omdat Hij zich in «de opvolgende eeuwen steeds op andere wijze, telkens «naar de behoefte dier eeuwen, heeft geopenbaard?»

Toch zou men den aard dezer openbaring miskennen, zoo men haar geschiedenis opvatte als additieve open- baring van steeds nieuwe waarheden, die in den loop der eeuwen aan de reeds bekende werden toegevoegd. Haar verloop is veeleer g e s c h i e d e n i s in heiligen zin: g e - s c h i e d e n i s naar de diep geestelijke beteekenis, die dit woord bezit. Wat straks als plante opschiet of uit de knoppen zich ontplooit, was reeds van meet af in de zaad- kiem aanwezig. Er wordt geen nieuw bestanddeel in de geledingen van het organisme ingevoegd, maar slechts uit den verborgen levensgrond naar het licht getrokken. wat reeds van den aanvang af in de kern van het or- ganisme verscholen lag. Het is steeds hetzelfde licht dat het menschelijk oog tot zich trekt, slechts worden de stralen verder uitgespreid, en schittert zijn glans, hoe meer de nevelen optrekken, in des te prachtiger luister. En de patriarch in Mamre's eikenbosschen én de apostel op Damascus' weg hebben zich beiden in den levenwekkenden gloed van hetzelfde Godswoord gekoesterd, in graad van schelheid wel verscheiden naar de bedeeling hunner eeuw, maar in aard en wezen volstrekt één. «Juist daarin» — om nogmaals met Calvijn te spreken — «blinkt de onveranderlijkheid onzes Gods uit, dat Hij «*een zelfden weg ten leven* aan de geslachten aller eeuwen «geopenbaard heeft, al is het onloochenbaar, dat Hij het «voorgeslacht uit de eerste beginselen heeft gelaafd, «terwijl hij onze ziel voedt met vaster en steviger spijze.»

Wil men nu de begrippen van Openbaring en Woord Gods gelijkstellen, dan bezitten we in de bijzondere openbaring dat Woord Gods natuurlijk in een bijzonderen vorm: in dien vorm, waarin het naar den zondaar uitgaat en voor den zondaar verstaanbaar is.

Die bijvoeging is onmisbaar. In onbepaalden zin toch is Woord Gods de volkomene uiting en meedeeling van zijn leven.

Immers het denkbeeld van «Woord» is een uitdrukking aan ons menschelijk leven ontleend en moet dus uit ons leven verklaard worden.

Wat nu is het menschelijk «Woord?»

Ge wordt uzelven bewust. Er klimt in uw geest een gedachte op. Die gedachte wilt ge in den geest eens anderen overbrengen. Dit doet ge door het «Woord.»

Ieder weet door welk proces. Uit uw geest plant de beweging der gedachte zich in de hersenen voort, om van daaruit zich aan uw zenuwen mede te deelen, en door middel der zenuwen de spieren van uw spraakorganen in beweging te brengen. Door die beweging ontstaat dan een trilling in de luchtgolven. Die trilling doet het gehoorvlies aan van hem met wien gij spreekt, plant zich van daar op zijn gehoorzenuwen en door middel dier zenuwen op zijn hersenen voort, om ten laatste in *zijn* geest een zelfde gedachte te voorschijn te roepen, als gij op dat oogenblik doorleeft. Dit noemen we het *gesproken woord:*

Evenzoo kunt ge een anderen weg kiezen, om uit uw geest een gedachte naar de ziel van een ander te doen overgaan. Ge kunt uw zenuwen op de spieren van uw hand, en niet op die van uw spraakorganen laten werken, en dus het woord niet spreken, maar door een teeken aangeven. Dan zal de ander door de zenuwen van het *oog* in plaats van door de *gehoor*zenuwen uw gedachte in zijn hersenen overplanten, en ze ook zoo weer doen werken op zijn geest. Dat noemen we het *geschreven woord.*

˙ Maar welk middel ge ook tot uiting van uw gedachten kiest, zenuwen en spieren, luchtgolven en papierblad, blijven steeds de accidenteele werktuigen, de ondergeschikte hulpmiddelen, waarvan het «woord» zich bedient. Er ligt tusschen uw persoonlijkheid en die des anderen een diepe klove, en die accidenteele hulpmiddelen vormen de noodbrug, waardoor uw gedachte over die scheidende diepte kan heenkomen. Ze zijn slechts de geleiders, waarlangs het «woord» uit uw geest naar den geest uwer hoorders of lezers overglijdt, en het woord zelf, van het voertuig uws geestes wel te onderscheiden, kan nooit iets anders zijn dan *de bewuste mededeeling uwer gedachten aan den geest eens anderen.*

Willen we dus dit menschelijk begrip van «*woord*» op den hoogen God overbrengen en van een *Woord Gods*

spreken, dan moet natuurlijk eerst al het menschelijk-
bijkomstige, al het gebrekkige en zondige uit dit begrip
worden weggenomen.

Aanstonds gevoelt hierbij een ieder dat God niet kan
gebonden zijn aan de accidenteele hulpmiddelen, waarvan wij menschen ons, bij het spreken of schrijven, be-
dienen moeten. Het geheele proces dat ons menschelijk
woord met behulp van zenuwen en spraakorganen en
luchtgolven doorloopen moet, valt hier dus weg, en slechts
dit blijft ons over: dat het woord Gods de bewuste
uiting is van zijn goddelijke gedachten.

Maar ook hierbij kunnen we niet staan blijven. Het
verschil grijpt dieper in.

Want *vooreerst*, bij ons menschen is de gedachte
van ons leven onderscheiden. Immers slechts een zeer
gering deel van ons leven zijn we in den geest ons bewust en kan door onzen geest in den vorm der gedachte
gekleed worden.

Niet alzoo bij onzen God. Althans wie niet op den
stroom eener pantheïstische mystiek wil afdrijven, belijdt
met de gemeente, dat de Heer zich de geheele diepte
van zijn wezen bewust is. Wezen en bewustzijn, leven
en gedachte zijn bij God dus één, en het «woord» van
dien hoog heiligen God moet dus de gedachte van zijn
gansche wezen tot inhoud hebben.

Ten tweede. In ons leven is een opeenvolging van
oogenblikken, waarin we ons zelven nooit volkomen
gelijk blijven. Ons woord drukt dus telkens een andere
gedachte van ons wezen uit. Wij hebben «woorden», en
ons woord van gisteren kan ons woord van heden zelfs
lijnrecht weerspreken.

Maar wederom. Niet alzoo bij God. Bij Hem, den

Eeuwige, zijn geen naast elkaar geplaatste, geen elkaar opvolgende gedachten, die in onderlingen strijd zouden kunnen geraken. Bij Hem is alles eeuwig één. Steeds blijft Hij zich zelf gelijk. Hij is die Hij zijn zal. Er kan dus van «woorden» in atomistischen zin bij God geen sprake zijn. Van Hem gaat slechts uit het ééne, eeuwig zich zelf gelijkblijvend Woord.

Ten derde. Bij ons menschen kan de levensbeweging in ons gemoed te sterk, te machtig, te overstelpend zijn voor de beperkte middelen, waarover we ter uiting van onze gedachten beschikken kunnen. Vandaar ons plotseling verbijsteren bij heftigen schrik, ons allengs verstommen bij diepvlijmende smart, en evenzeer onze sprakeloosheid bij overvloeiende vreugd. Is bij den Almachtige daarentegen die beperktheid, die disharmonie, volstrekt ondenkbaar, dan moet het woord onzes Gods altijd ten volle aan de beweging van Zijn leven beantwoorden.

Voorts. Wij zijn zelfzuchtig. Ons is het mogelijk te leven zonder dat ons leven zich mededeelt. Wij kunnen leven zonder een woord te spreken. Zoo heerschzucht of zelfzucht onzen geest niet uit de schuilhoeken onzer ziel opjagen, sluiten we ons vaak in ons zelven op. Maar God is de eeuwige Liefde. Van eeuwigheid tot eeuwigheid, *spreekt Hij dus* — naar het schoone woord van Origenes — ALTIJD. Het woord Gods is dus niet tijdelijk, maar eeuwig.

Eindelijk. Wij kunnen wel een beweging van ons leven, maar niet ons leven zelf aan anderen mededeelen. Ons leven, onze persoonlijkheid dringt wel op anderen aan, maar niet tot hen door. We zenden een beeld van ons innerlijk leven naar hun ziel over, maar kunnen zelven nooit tot hen komen. Ons woord heeft dus slechts de gedachte van ons leven, niet dat leven zelf tot inhoud. De Heer onze God daarentegen spreekt het leven zelf uit. Zijn woord is niet slechts mededeeling van een levens*beweging*, maar van het leven dat bewogen wordt. Het leven zelf, niet slechts de bewustheid van het leven, is de inhoud van zijn woord vol majesteit.

Nemen we dus al het menschelijk beperkte uit ons begrip van «Woord» weg, dan blijkt ons dat het «Woord Gods» niet anders is, dan de volstrekt-bewuste, eeuwig-zichzelf gelijkblijvende mededeeling van zijn goddelijk leven. Dan verstaan we het, waarom Joannes in zijn proloog spreekt van het «*Woord dat in den beginne bij God en God was*». We tasten iets van verre van wat de gewijde schrift «*het afschijnsel zijner* «*heerlijkheid en het uitgedrukte beeld zijner zelfstandigheid* «*noemt*». Want dat WOORD, het is de eeuwige Zoon des Vaders. Mensch geworden in de volheid der tijden, treedt dat vleeschgeworden Woord in Jezus Christus voor ons op.

_____

Elke verklaring van de Schrift als het Woord Gods, moet dus van déze belijdenis uitgaan. Er ontbreekt iets aan de klaarheid onzer voorstelling, zoolang we nu eens van den Zoon als het «Woord Gods» spreken, en straks de schrift met den naam van «Woord «Gods» bestempelen, zonder te bevroeden dat beiden met elkander in het innigst verband staan. Zullen de verschillende deelen onzer belijdenis niet als afgesloten vakken naast elkander staan, maar als lichtstralen uit één zelfde middenpunt voor ons zielsoog schitteren, dan moet de eenheid ook van deze beide uitspraken door onmiddelijk besef worden gevoeld. «*De Zoon is het Woord* «*Gods*» en «*de Schrift is het Woord Gods*» moet in éénen adem op de lippen der gemeente leven, zonder een gevoel van tegenstrijdigheid op te wekken. De gelijkheid in klank moet in eenheid van beteekenis rusten.

Vandaar de bijvoeging, waarop we drukten: De bijzondere openbaring is Gods woord «in dien bijzonderen «vorm, waarin het naar den zondaar uitgaat en voor «den zondaar verstaanbaar is.»

Dit toch gevoelt ieder. Het woord, dat we spreken is van den persoon, tot wien het zich richt, beide naar inhoud en naar vorm afhankelijk. Naar *inhoud*, want een gedachte van toorn of liefde wordt in u gewekt, naarmate de persoon, tot wien ge spreekt, u toorn of liefde inboezemt. En evenzeer naar den *vorm*, want op andere wijze zult ge spreken tot het kind, anders tot den jongeling en weer anders tot den volwassene, ook al is het eenzelfde gedachte die ge bij allen wekken wilt.

Zoo de Almachtige dus tot zijn gevallen schepsel, tot den zondaar, spreken wil, wordt inhoud en vorm van het Woord Gods door den zielstoestand en de vatbaarheid van den zondaar bepaald. In de eeuwige schepping Gods was volkomen harmonie en de werking aller krachten zuiver op elkander aangelegd. Alle raderen van het goddelijk organisme werkten in de ongestoorde schepping Gods op één. Ook de aanleg, de zielstoestand, de ingeschapen vatbaarheid van den mensch was dus naar het eeuwige Woord des Vaders berekend. Geschapen naar Gods beeld, zou de mensch het eeuwige Woord in zich hebben opgenomen, als het «Woord Gods tot hem». Maar de zonde brak dien harmonischen samenhang tusschen den mensch en het eeuwige Woord. Wel was het

«Woord» er nog, maar in 's menschen ziel sprong de snaar, waarop de toonen van dat «Woord» moesten trillen. Hij zag, hij hoorde niet meer, hij nam de levenskrachten van dat «Woord» niet in zich op. Wel bestond het nog, want het bestaat eeuwig, maar het bestond niet meer v o o r h e m. Voor hem was het, alsof God niet meer sprak, niet meer Zijn gedachten, Zijn levensbeweging uit deed stroomen. Voor hem was het als had God zich opgesloten in Zichzelf.

Toen zocht de mensch den verloren God, zocht Hem in zijn hart, in de lichtzee van het firmament, in de krachten der natuur, in de woede der elementen, maar het eenig antwoord dat hij opving was de echo van zijn eigen roepen: de eenige Godsgestalte die hem verscheen, het schijnbeeld zijner kranke fantasie. Het was de dood die hem omringde, de stilte des doods die van alle zijden uit dat ledig op hem aandrong, en het ingevallen leven dat hij nog in zich bespeurde, voelde hij als wegzuigen in dien eeuwigen dood, die in de diepten zijner ziel zich opende.

O ! dat is het schreiend erbarmelijke van den zondaar buiten God. Met den dood in het hart zoekt hij 't leven — en *het is er* in zijn volheid, maar hij ziet het niet, en hij kan het niet zien, want de oogen zijn hem uitgegraven.

En daarom, was God slechts blijven spreken, gelijk Hij dusver deed, nooit zou één zondaar het woord des levens vernomen hebben. Maar hierin juist schittert dan ook de grondelooze barmhartigheid des Eeuwigen, dat Hij zijn «Woord» naar de behoefte van den zondaar vervormd heeft: dat Hij zijn leven in een vorm heeft gegoten, waarin het den zondaar bereiken, hem kon opzoeken in zijn dood. «Ik heb geen lust in den dood, «in het doodblijven, van den zondaar, maar daarin dat «hij leve,» dus luidt het raadsbesluit van onzen God, waarvan de bijzondere openbaring in haar vollen omvang de uitvoering was. Juist daarin betoont Hij zijn ontferming, dat Hij tot den zondaar heeft willen spreken, en de stilte zijns doods heeft afgebroken door zijn heilig woord in eigen vorm tot zijn doorpriemde ooren te doen doordringen. Dit is de genade, dat de Fontein des levens zijn leven in den dood des zondaars heeft doen uitvloeien, in een vorm, naar zijn behoefte, en naar den eisch zijner innerlijke verduistering berekend.

Reeds hieruit blijkt overtuigend, dat het «woord Gods» nimmer als uitdrukking eener afgetrokkene gedachte mag worden opgevat. Eén oogenblik buiten samenhang met het eeuwige, levende woord Gods gedacht, buiten de uitstraling van de krachten zijns levens, los van God, dan is de Schrift dood. Dan is ze krachteloos. Dan geneest en troost ze niet, en komt onzen dood eer verdiepen dan dat ze ons het leven brengen zou. «Gods woord» is geen abstracte, van het leven afgetrokkene leer, maar levende waarheid die daarom levend maken kan. Het is geen plan, dat als teekening in kaart is gebracht, maar het innerlijk bestek dat in het leven zelf verborgen ligt.

Openbaring en verlossing zijn dus één en doordringen elkander volkomen.

Zooals het met den waanzinnige is, zoo is het met den zondaar. Laat een beroofde van zinnen beweren, dat «tweemaal twee vijf» is, en het baat u niets of ge hem de ontwijfelbare waarheid, dat «tweemaal twee vier is» weer en telkens weer herhaalt. Met een afgetrokken *leer* vordert ge niets. Maar *genees* hem, laat zijn plage van hem worden genomen, laat zijn onwijsheid wijken, en nauwelijks zal hij tot zich zelf zijn gekomen, of van zelf komt hij tot de erkentenis van wat hij eens halstarrig bestreed.

Zoo nu ook doet God door zijn «Woord». Hij plaatst niet uitwendig een afgetrokken waarheid tegen onze leugen over, maar Hij zendt Zijn genezend, Zijn herstellend Woord uit, waardoor de elementen onzes levens veranderd worden, en wij, onder het wijken onzer onwijsheid, van zelf het *ja* en *amen* op zijn zedelijk levende waarheid uitspreken.

Gods woord schikt zich dus niet slechts naar onze vatbaarheid, maar leidt die zelve verder en ontwikkelt ze. Zijn openbaring is *verlossing in dubbelen zin*. Verlossing van den dood door toebrenging van het leven en verlossing van onze gebrokenheid door de vatbaarheid in ons te herstellen, die de toeëigening van dat leven bepaalt. De waarheid, het woord Gods, maakt den zondaar vrij.

Reeds hierom kan dus van een openbaring Gods, *uitsluitend* in menschelijke woorden, geen sprake zijn. Wie dat beweerde zou zich aan de zijde der rationalisten moeten scharen: de belijdenis der gemeente dat de Schrift Gods woord *is*, moeten verflauwen in die andere dat de Schrift Gods woord *bevat*, en het geheel der openbaring moeten beperken tot die enkele stukken der Schrift die uitdrukkelijk als «een spreken Gods» worden ingeleid.

Hoe zou dit ook kunnen? Reeds wij bepalen ons bij de uiting onzer gedachten niet uitsluitend tot het voertuig der spraak, Willen wij een levensbeweging in iemand opwekken, dan spreken we niet slechts, maar verzellen ons woord door gebaren, door teekenen en door den blik van ons oog. We zoeken door zijn omgeving, door kennis zijner neigingen, i. e. w., door alle toegangen die ons tot zijn hart openstaan, op zijn wezen in te werken.

Dit nu doet de Heer in nog veel hooger mate. Zijn «Woord» zoekt niet 's menschen verstand, niet zijn gevoel, niet zijn geweten, niet zijn verbeelding, maar die allen saam. Het woord Gods glijdt af langs alle geleidraden, baant zich een weg door alle toegangen van ons wezen en gaat door tot de binnenste samenvoegselen der ziel. Het woord Gods wil tot den mensch zelf, tot den geheelen mensch, spreken, en zoekt hem daarom op in het diepst verborgene van zijn wezen.

Alle draden des levens die aan het menschenhart zijn aangebonden, en alle vezelen waaruit het menschenhart is saamgeweven, herschept de Almachtige dus in werktuigen, die hem dienen moeten als instrumenten ter bereiking van Zijn ontfermend doel.

Dit toont de inhoud der Schrift. Ware het eenig doel der openbaring de mededeeling van leerstellige waarheid aan onze gedachte geweest, ze zou niets bevatten dan een zedewet, als uitdrukking van Gods wil, en een «credendum», als beschrijving van Gods wezen en gezindheid. Van een volksleven, van geschiedenis, van symboliek zou in de gewijde oorkonde geen sprake zijn.

Maar nu zien we de openbaring zich uitspreiden over het volle menschenleven in zijn rijke vertakkingen, om alzijdig den mensch te bewerken en zelve waarlijk menschelijk te zijn.

De mensch is niet geisoleerd, maar lid van een huisgezin. Dat huisgezin is de schakel, die hem aan een volk verbindt, aan een volk in stammen en geslachten

en maagschappen ingedeeld. Hij heeft dus een eigen
persoonlijk, maar ook een huislijk leven, ook een familie-
leven, ook een volksleven. En dat volksleven wederom
ontplooit zich in zijn maatschappelijke en staatkundige,
zedelijke en kerkelijke verhoudingen. Dat leven kent de
wisseling der fortuin, een klimmen en een dalen, een
zich uitzetten en weer inkrimpen, het gaat telkens door
de tegenstelling van voor- en tegenspoed heen. Dat leven
eindelijk uit zich in roemruchtige daden, ziet in zijn
nationale helden zichzelf belichaamd, schittert in de
majesteit zijner vorsten, bezingt zichzelf in zijn volks-
zangen en spreekt in het woord zijner zieners de golvingen zijner toekomst uit.

Maar niet gelijk ze zijn, kunnen deze levensuitingen
voertuig worden der openbaring. Immers door de zonde
is dit alles den mensch verberging in stede van openbaring Gods geworden. Wil de Heer dus deze levens-
bewegingen als middel ter openbaring aan den mensch
gebruiken, dan moet Hij zelf eerst zulk een leven nieuw
scheppen in de volheid zijner schakeeringen.

Hij zelf is dan ook de Rotssteen waaruit Israël ge-
houwen is. Israël is de wijngaard zijner verlustiging,
door Hem met eigen hand geplant. Zijn zoon, uit de
lendenen zijner Almacht gegenereerd. Daartoe strekte
niet slechts Abraham's afzondering, maar bovenal Isaäc's
wondere geboorte, die ons in de Schrift zelve beschreven
wordt als een «roepen van iets dat niet was, alsof het
«ware», als een «levendmaken van het doode», als een
genereeren door goddelijke scheppingskracht uit een
«verstorven lende», en een moederschoot die verdord
was in haar voortbrengende kracht. Daarom is alles in
dit volk, is dit volk zelf, nieuw. Een nieuwe frissche

loot op den verdorden stam. Nieuw uit het oude, maar door het wonder. Rondom Israël is het duisternis, het zieltogen van een wegstervend licht, de kranke ontwikkeling van een zwerende vrucht aan den geknakten stengel, — maar in Israëls erve is het leven, is het licht. Daar kleeft het licht der openbaring Gods aan het volksleven zelf, hoe ook de individuën het bannen. Daar stroomt het door telkens nieuwe wonderen in telkens nieuwe volheid de aderen van het volksleven toe. Bij Israël is er in alles openbaring Gods, in zijn oorsprong en vorming, in zijn voor- en tegenspoed, in zijn helden en zangers, in zijn huislijke en maatschappelijke ontwikkeling, in zijn kunst en wetenschap, in zijn wetten en zijn rechten, in zijn staatsvorm en eeredienst. Dat alles draagt bij Israël een goddelijke signatuur, wortelt in God, en is daarom symbool der eeuwige waarheid. Dat alles het zijn, zoo ge wilt, de zenuwen en spieren en luchtgolven, waar langs het woord van den Heilige Israëls naar het hart van Israëls vromen trilt.

Alzoo werd de levenssfeer gevormd, die het woord Gods om den mensch schept, om hem openbaar te kunnen worden. Maar toch de mensch leeft niet enkel buiten zichzelf. Er is ook in hem een eigen en persoonlijk leven', en ook tot dat leven dringt het woord Gods door. Elk vermogen in dien geest wordt den Almachtige tot werktuig om 's menschen geest te bereiken. Ze kunnen dit, omdat ze, hoe ook door de zonde ontredderd, toch oorspronkelijk tot voertuigen van 's Heeren geest waren bestemd: hoe ook thans tot volkomen ongevoeligheid verzwakt, toch oorspronkelijk den aanleg voor die hoogste virtualiteit in zich droegen. Het daaruit weggezonken leven, trekt de Heer weer door de almacht zijner genade op. Ja niets is er wat het woord Gods niet in den mensch aangrijpt. Vandaar die stoute, schijnbaar zoo gewaagde beelden, die niet maar een vindingrijkheid van het menschelijk vernuft zijn, maar een te voorschijn brengen door goddelijke kracht van de oorspronkelijke geestelijke godsgedachten, die zelfs in de zinlijke levensbetrekking zich afspiegelen. Daarom wordt de droom aan het ijle spel van 's menschen verbeelding ontrukt, en door 's Heeren geest beheerscht, gebruikt tot voertuig zijner verborgene gedachten. Het visioen, het droomgezicht van den wakende, wordt Gode onderworpen en door 's Heeren hand denkbeelden in de ziel voorhanden, zóó saàmgeschikt, zóó verhelderd, zóó uitgezet, dat ze teekeningen worden van het ongeziene, afspiegelingen van wat voor 's menschen oog verborgen achter het gordijn des hemels zich beweegt. Een ziener Gods blijft in zijn persoonlijkheid, maar zijn persoonlijkheid wordt door den Heer ontbonden. Hij maakt die vrij en gebruikt al de haar eigen krachten, om in verband met wat den ziener omringt, Zijn wil en Zijn gedachten in het profetenhart te openbaren. Ja, de Heer neemt die persoonlijkheden niet maar gelijk hij ze vindt, maar schept ze zelf als zijn wel toebereide werktuigen. Reeds de geboorte van den ziener is een geestelijk wonder van Gods almacht. Zoo spreekt Hij tot Israël, nu eens in hoorbare klanken, als op den Sinai, en dan weer door Zijn heilige mannen, die Hij schept en verwekt, opdat ze Zijn heiligheid den volke toonen zullen. En die openbaring door geroepen persoonlijkheden, ze staat met die andere in Israëls levensfeer en volksgeschiedenis in weerkeerige betrekking en samenhang. De openbaring door de *daad* en de openbaring door de *gedachte*, ze bloeien op een zelfden wortel, ze werken gestadig op elkander in, de een de andere verklarend, aanvullend en ontwikkelend, tot de mensch in die wondere bedeeling al klaarder het woord zijns Gods verneemt en met steeds voller stroomen het woord des levens voelt komen tot zijn ziel.

Toch is daarmeê het «Woord Gods» nog niet in zijn volle uiting tot den mensch gekomen. Om den mensch in het diepst van zijn wezen te bereiken, moet het niet slechts zijn levenssfeer doorschijnen, niet slechts de vermogens en uitingen van zijn geest tot voertuig nemen, maar zelf als w e r k e l ij k h e i d, als het leven Gods voor hem optreden. Reeds in de wonderen die aan Israël gewrocht, in de gezichten die aan Israël gegeven waren, was het de Heilige Israëls zelf, die, als achter een gordijn verborgen, tot Israël naderde, de reuke zijns levens voor zich uit liet gaan en den greep van zijn Almachtige hand in Israëls hart deed gevoelen. Alle eindige verschijnselen, waarin het geheel der openbaring uiteenvalt, ze zijn zoovele trekken waaraan Israël het Wezen Gods herkennen moest, waarin met steeds rijker inhoud en steeds voller klaarheid de *Naam zijns Gods* werd uitgeroepen: teekenen zoo men wil, die om de v e r s c h ij n i n g Gods zich als om hun middenpunt groepeeren. Gelijk in het geordend volksleven van Israël, het Heilige der Heilige in Sions tempel, als plaatse van de tegenwoordigheid des Heeren, het middenpunt van hun eeredienst is, en op zijn beurt die eeredienst als van uit een middenpunt geheel het volksleven overschaduwt, zoo is het én in het nomadenleven der patriarchen én in het woestijnleven van het verloste Israël, de verschijning Gods in den verbondsengel of in de wolkkolom, die als Theophanie de openbaring, d. i. het openbaar worden van den Heilige Israëls, beheerscht.

Maar toch met dat komen Gods in schaduwen en verschijningen is de openbaring van zijn persoonlijk leven niet voleind. Om in dien vollen zin God tot den zondigen mensch te doen komen, blijft de eisch, dat het «Woord Gods» mensch worde in de gelijkheid des zondigen vleesches. De toornende en verzoenende, de doodende en levenwekkende kracht van het «Woord Gods», waarvan geheel Israël's volksleven het toonbeeld is, moet geconcentreerd in een menschelijke persoonlijkheid, en wel in één die «Zoon des menschen» is, te midden van dat Israël optreden. Het «Woord Gods» wordt als persoonlijke levende kracht eerst aan het hart geopenbaard, als het in den Christus vleesch wordt, en zich ten volle uitspreekt in den Godmensch.

Daartoe moet die Christus waarlijk mensch zijn. Als mensch dus uit menschelijk vleesch en bloed geboren worden. Als mensch staan op dat natuurlijk voetstuk, waarvan geheel de menschheid het fundament en volk en stam en huisgezin de telkens inkrimpende grondslagen vormen. Een mensch dus met een eigen maagschap door zijn geboorte uit Maria's schoot, met een eigen geslacht in Davids huis, met een eigen stam in Juda's uitverkorenen, met een eigen volk in Israëls zonen, en door dat Israël krachtens natuurlijke gemeenschap, met geheel het menschelijk geslacht verbonden.

De eindelijke openbaring in Christus sluit dus geheel de voorafgaande openbaring in zich af en neemt haar rijke vruchten in haar volheid op. De openbaring Gods in Israël wordt geheel door den Christus beheerscht; niet slechts wijl hij haar kroon en spitse was. Neen, hoever ook de fijnste wortelvezelen der heilige planting, wier kroon Hij was, in het verleden der menschheid, ja tot in de grijze oudheid, liggen teruggedrongen, was het de Christus zelf die van den aanvang af haar leven bezielde, alle eeuwen door haar bewegingen leidde, en den groei der planting op de door Hem zelf gespreide wortelen gedijen deed. Hij komt niet tot Israël, maar Israël wordt tot Hem getrokken. Niet Hij is uit Israël, maar Israël is uit Hem geworden. Israël droeg zijn heilige s c h a d u w, wijl het van zijn oorsprong af zich voor de gestalte van den Christus bewoog.

In dat «ensemble» ligt dus de bijzondere openbaring Gods. Dat alles is door hem wonderbaar bereid, op wondere wijs verkoren en met onnaspeurlijke wijsheid tot dat ééne schitterend geheel geordend, dat als «h e t W o n-d e r d e r v e r l o s s i n g»; als de reddende kracht ten leven, in het midden van onzen dood geopenbaard is. Het ligt daar in het leven der menschheid, niet als geworpen voor haar voet, maar op aanbiddelijke wijze gewrocht in haar eigen ingewand. Het is het «Lied der verlossing», niet door Engelen voor haar ooren gezongen, maar gespeeld op het gebroken snarentuig van haar eigen zondig hart.

Haar omvang is dus begrensd. Wel afgerond het perk, waar binnen zij zich beweegt. Men faalt, zoo men als Rome haar inhoud nog steeds zoekt te vermeerderen. En wie meent, dat de bijzondere openbaring Gods n o g steeds voortgaat, heft haar karakter op en vernietigt de kracht harer werking, door de sfeer van het «Woord» met de sfeer van den «Geest» te verwarren.

Het «Woord» is de objectieve openbaring Gods *voor de menschheid*. De «Geest» daarentegen de subjectieve openbaring Gods *in den enkelen mensch*. Van daar het beginsel der apostolische schriftuitlegging: «al wat te voren geschreven is, dat is geschreven om onzentwil». Niet alsof de «Geest» bij het tot stand brengen der bijzondere openbaring werkeloos ware gebleven. Integendeel, zoo dikwijls een menschelijke persoonlijkheid door God tot instrument zijner openbaring wordt uitverkoren, moet juist, krachtens den regel, waarop we wezen, de inspireerende kracht des Geestes middel ter openbaring zijn. Maar zulk een inspiratie beoogde bij den ziener niet uitsluitend het heil zijner eigen ziel. Veeleer was het een gemeengoed der gemeente, dat hem werd toebetrouwd, opdat het door zijn lippen der gemeente zou gebracht worden. En wat dus voor hem persoonlijk en inspiratie des Geestes was, ging, eenmaal geobjectiveerd, als bestanddeel van het Woord Gods in het bezit der geloovigen over, om in het geheel der openbaring zijn toebeschikte plaats in te nemen.

Er is dus wel persoonlijke toeëigening der openbaring in het hart van den geloovige. Er is ook ontplooiing van den inhoud der openbaring in het leven der gemeente, maar voortzetting, aanvulling der openbaring is er niet. Er kan, noch mag iets aan het «woord Gods» worden toegedaan. Immers, wel zal de Geest in alle waarheid leiden, maar wat Hij ook in de gemeente voortbrengt, Hij zal het onveranderlijk uit den Christus zelven nemen.

Daarom was de klacht zoo ongegrond, die een vijftal jaren terug in ons midden vernomen werd «dat het der gemeente zoo bange wierd, wijl ze reeds achttien eeuwen naar den hemel uitzag en al die eeuwen lang geen teeken van dien hemel had ontvangen.» Daarom is Rome's streven, bij alle betuiging van eerbied voor de Schrift, niets dan bestrijding van Gods Woord, zoo dikwijls het door nieuwe elementen den inhoud der Openbaring, zoo het meent, verrijkt. Daarom eindelijk is het steeds een ellendig cirkelbewijs, als de moderne naturalisten het gezag der Openbaring met de argelooze vraag bestrijden, «waarom er dan thans, waarom er dan in onze dagen, zulk een openbaring niet meer is?»

Intusschen die Openbaring moet bestendigd worden zal ze vrucht dragen. Wat de mensch werkelijk bezitten zal, moet tot zijn bewustheid doordringen. Hij heeft dus niet genoeg aan de zedelijke nawerking der geopenbaarde krachten in de gemeente. Hij behoeft ook een scherpteekenende toetssteen, waaraan hij het gehalte dier krachten met onfeilbare gewisheid kan keuren. Het water dat men tot hem brengt, als uit de echte bron afkomstig, moet hij zelf, voor zijn eigen bewustzijn, met het onvervalschte bronwater vergelijken kunnen.

Bovendien. Wat in de strooming van het gemeenteleven tot hem komt, is niet de volheid dier openbaring. Er is in die openbaring een persoonlijke waarheid voor hem, die niet anderen hem brengen, maar alleen hij zelf daaruit nemen kan. Hij moet zelf dus in staat zijn met de volheid dier openbaring in onmiddelijke aanraking te komen.

Daarom is er niet slechts een openbaring in het

leven der menschheid geweest, maar is de inhoud, het
beeld dier openbaring, ook opgevangen in de Schrift.
Alleen door een Schrift kón dit geschieden. Want
vooreerst, het geschreven woord is de klaarste, hoogste
uiting van ons menschelijk bewustzijn. Het woord is
de vrucht der gerijpte gedachte, en in het geschreven
woord komt die gedachte tot de hoogste mate van rijp-
heid waarvoor ze vatbaar is. Dit geldt zoowel van
de feiten als van de getuigenissen der Openbaring.

Zal een feit uit het verleden in zijn werkelijkheid voor
ons opleven, dan moet ons de indruk worden terug-
gegeven, dien ooggetuigen daarvan ontvingen. Dit. nu
kunnen ze eerst, als de ontvangen indruk hun zelven
bewust is geworden, en uit die bewustheid in woorden
wordt uitgesproken. En evenzoo, de openbaring, die
een zedelijke of godsdienstige waarheid tot inhoud heeft,
kan aan de menschheid niet worden overgeleverd, zoo
ze niet eerst door het menschelijk bewustzijn is heen-
gegaan, en een vorm aanneemt waarin ze door anderer
bewustzijn kan worden opgenomen.

Dit nu brengt ons de Heilige Schrift, gelijk blijkt uit
haar inhoud. Daarom is meer dan de helft van haar
inhoud met geschiedenis gevuld, met beschrijving van
toestanden en gebeurtenissen. Niet ter loops, maar in
breede trekken, teekent ze ons het leven van het voorgeslacht en Israël in het Oude Verbond, en van Jezus
en Zijn eerste gemeente in de bladen des Nieuwen Tes-
taments. Daarom verwijlt ze, schijnbaar zoolang, bij de
uitvoerige beschrijving van Israëls afstamming, Israëls
stamgroepeering, Israëls wetgeving, Israëls eeredienst
en de afmetingen van den tempel. Daarom is Israëls

betrekking met de aanverwante en vreemde volkeren
zoo naauwkeurig in haar rolle geboekstaafd. Vandaar
kwam het dat naast de opteekening der wet, een her-
innering aan gewijde volksliederen haar plaatse vond.
Dat niet slechts Israëls liederenschat in het boek der
psalmen, maar ook de vruchten der Salomonische Chokma
(Wijsheid), als deel der openbaring, in de II. Schrift
werden opgenomen. Vandaar eindelijk, dat vooral de
godspraken der profeten zoo breed binnen haar grenzen
zijn uitgedijd. Want in het licht der openbaring is het
heden met de toekomst tot een eeuwig één saamgevloeid.
De profeten hebben de dingen der toekomst, als werkelijk gezien. Die toekomst is dus in hun bewustzijn
doorleefd, en mag derhalve, om het eeuwig karakter
der openbaring, in de H. Schrift niet ontbreken.

En evenzoo geeft het N. Testament ons niet slechts
de teekening van Jezus' leven, in zijn diepsten oorsprong
en verste doorwerking door dood en graf henen, maar ook
beschrijft het de stichting en worsteling, het geloof en
het leven zijner eerste gemeente. Niet slechts de «Zon
der gerechtigheid», maar ook de lichtwerking zijner
stralen geeft het ons te aanschouwen. Dan volgen de
brieven der apostelen, die de genade Gods ons open-
leggen, niet in haar absolute volheid gelijk de Evangelien
dit doen, maar gereproduceerd uit het zondig hart, dat
die genade heeft ervaren. Om ten slotte in Joannes'
Apocalyps nog eens de verste toekomst in het heden te
trekken, maar nu door het licht van den gekomen Christus bestraald.

Toch zou deze beschrijving, dit reflex der openbaring
ons niet baten, zoo de waarborg voor haar getrouwheid
ontbrak, en daarom belijdt de 'gemeente, dat niet slechts

die openbaring, maar ook die Schrift zelve, in vollen zin een wonder is. Gelijk het een zelfde licht is, waardoor het photografisch beeld op de zilverplaat geteekend werd, en waardoor het afgebeelde voorwerp zijn kleuren ontving, zoo ook is het met het licht van Gods Woord. Dezelfde geest die op Israëls volksleven zijn goddelijke tinten wierp, is tevens de kracht, waardoor de H. Schrift werd voortgebracht. Of, wanneer men u uit verschillende hoeken een aantal glasscherven samenbrengt, die juist inéén passen, weet ge dan niet, dat ze uit één glasschijf zijn uitgebroken? Wanneer ge van verschillende personen, van elk in hun eigen schrift en op afzonderlijke bladen, een regel dichtmaat ontvangt, en ge bij samenvoeging bevindt, dat ze op elkander rijmen en samen één majestueus gedicht vormen, waarin één zelfde gedachte rolt door alle strophen heen, dan weet ge immers, dat geen hunner de dichter is, maar aller verzen uit één zelfden geest zijn gevloeid. En juist dát verschijnsel nu vinden we bij het ruim zestigtal boeken, waaruit de H. Schrift is saamgesteld. Ze komen tot ons uit de meest uiteenloopende tijden in geheel verschillend schrift, van telkens andere personen, en toch, zoo we ze allen samenvoegen, vormen ze het kunstigst geheel, in hun tegenspraak elkaar aanvullend, in hun verscheidenheid elkander verklarend, elkaar bevestigend door de eenheid van geest die allen bezielt. Die uitkomst wrocht geen toeval, maar 's Heeren Geest. Het plan der gansche Schrift was bij God, eer nog een enkele harer bladzijden geschreven was. Ze is een heilige bloemenkrans, niet slechts door Hooger hand saamgeweven, maar waarvoor Hij zelf in Zijn Godsmannen de bloemen bereid heeft, door het zaad te vormen, de plant te doen opwassen, haar stengels te doen uitbotten en haar ontplooide knoppen te tinten met het schijnsel van Zijn licht.

Daarom drukten onze oude godgeleerden zoo sterk op de analogie der Schrift, en eischten ze dat men de Schrift door de Schrift zou verklaren. Gelijk in een kleurenstuk de kleuren valsch worden, zoo men ze aan den invloed der omringende kleuren onttrekt, zoo gevoelden ze, dat ook de waarheid van het Schriftwoord zijn karakter verloor, zoo men het losmaakte uit het verband waarin het door God geplaatst was. Concentrisch moest elke waarheid door heel de Schrift worden doorgevoerd, d. w. z. dan eerst verstaat ge haar zoo ge haar vat in een zin, die door alle uitspraken wordt bevestigd. Zoolang er nog strijd voor u is, hebt ge het dieper liggend middenpunt nog niet gevonden, dat al haar stralen vereenigt.

Als onze ouden dan ook spraken van de «prediking des Evangelies of van den Woorde Gods» als een genademiddel, bedoelden ze nooit alleen prediking *uit* de Schrift, maar prediking van dat «Woord Gods» dat geheel de Schrift vervult. Niet die onzedelijke prediking, die we thans vaak van onze kansels hooren, waarbij een woord uit die Schrift of smadelijk als motto gebezigd of als aanloop tot bestrijding der waarheid misbruikt wordt. Niet een prediking alleen van het N. Testament, wijl daarin de dusgenoemde Evangeliën staan. Maar een brengen van den zondaar onder den invloed van dat levendmakend Godswoord, dat als een stroom van vertroosting en genezende kracht in de wonden zijner ziel vloeit. Een man van diepe vroomheid schreef in den aanvang dezer eeuw: «Satan breekt de Schrift in stukken om met haar puntige scherven de ziel te wonden en te verwarren.» Zóó is het. Alleen wie het vat, dat het «Woord Gods» niet met de «woorden der Schrift» mag verward worden, omdat het Woord Gods het levensbloed is, dat door die allen henen stroomt, kan het «Woord onzes Gods» ongebroken genieten en genezing vinden voor zijn ziel.

De Canon der Schrift hangt dan ook zoo min aan het besluit eener Kerkvergadering, als de eenheid der deelen, die een plant samenstellen aan de numeroteering en classificeering door een professor in de botanie. Niet gij behoeft de Schrift saam te houden, ze houdt zich zelve sâam. Gelijk de magneet met het ijzer niet saamgebonden wordt, maar van zelf samenkleeft, zoo kleven ook de deelen der Schrift samen, zoodra ge ze slechts samenvoegt. Het «testimonium spiritus sancti» (het getuigenis des Heiligen Geestes in de gemeente) geldt ook hier. De Schrift is een levend organisme, dat zich zelf ordent. Men kan er voor een tijdlang een stuk afscheuren, maar uws ondanks kruipt het toch weer naar zijn organisme toe om met zijn leven sâam te groeien. De werking des Geestes in de gemeente blijft aan de waarheid des Geestes in de Schrift getuigenis geven. De mensch moge besluiten, dat ze wel alzoo, of ook dat ze niet alzoo, samen hooren, — in het eerste geval heeft hij slechts een gevondene waarheid opgeteekend, in het laatste stoot de macht van het feit eerlang zijn dwaze hypothese omver.

Omdat de Schrift leeft, bezit ze ook het herstellingsvermogen. Wat fouten dus ook in de handschriften zijn ingeslopen, wat verkeerde opvattingen in de vertaling der Schrift burgerrecht zoeken, wat wonde ook door menschelijke onachtzaamheid of menschelijke dwaling haar worde toegebracht, — haar inwendig leven is te gezond en te krachtig om met die kwetsuur te blijven voortleven. Ze zweert het vreemde uit. Ze herstelt het geschondene. Soms lang kan het ziekteproces duren, maar dooden zal het haar niet.

Vraagt men eindelijk, of voor de uitlegging der Schrift behoort gewaakt te worden, ook dan luidt ons antwoord: ze bewaakt die zelve. Wiens oog voor het licht des Geestes nog gesloten is, moge haar uitlegging beproeven, maar moet ze opgeven, omdat hij niet ziet, wat in haar diepten zich beweegt. Hij doet als de onzinnige, die, om te weten wat in een mensch is, niet langs den weg der sympathie in zijn hart zoekt te dringen, maar het hart hem uit den boezem snijdt en daarmee het leven zelf verwoest. Dan begint men met de zucht om den bijbel uit te leggen, maar óf men keurt en kerft haar zoolang, tot ze eindelijk in stukken gescheurd voor de voeten ligt, óf wel men geeft de zucht naar onderzoek op en vergenoegt zich in trage vadzigheid met op haar oppervlakte te staren. Zoo straks wezen we er op, dat hetzelfde licht den photogram werkt en het af te beelden voorwerp beschijnt. Nu voegen we er bij, dat een straal van datzelfde licht ook in het oog der ziel moet vallen, zal men het gephotografieerde beeld kunnen zien. Eén Geest dus is het, die de Openbaring werkte, ze op de gewijde bladen der Schrift in beeld bracht, en ze den zondaar verklaart.

Met opzet zeggen we: den zondaar. Want wie de allesbeheerschende beteekenis van het feit der zonde voor onze aarde en zijn eigen hart niet doorziet, kan zich niet thuis vinden in het Woord Gods, dat ook van hem nooit anders dan als zondaar spreekt. Eerst van de ure af, dat ge uzelf als zondaar kent, wordt het *uw* Schrift, het Woord van den Almachtige aan u w e i g e n z i e l. Eerst dan kunt ge het aan uzelf gerichte «W o o r d» verstaan.

Maar een macht om die uitlegging te dwingen is er niet, en behoeft er ook niet te zijn. De logica des H. Geestes is de innerlijke keurkracht die haar zuiverheid bewaart. Want wijkt men af, dan vindt men in geestelijke krankheid zijn natuurlijke tuchtiging, en zucht naar herstel, zucht naar zelfbehoud, drijft van zelf weer naar de waarheid terug.

Natuurlijk van de verplichting eener kerk jegens haar leden spreken we hier niet. Geen moeder zal willen, dat haar kind eerst alle denkbare proeven waagt om alleen door het wrange der vrucht het kwaad te leeren mijden. Er is liefde in haar hart. Die liefde doet haar waken. Zóó moet ook de Kerk doen.

Maar hier spraken we slechts over het «Woord Gods» in zijn betrekking tot de menschheid. En dan zeggen we: «Gods Woord» moet *u* bewaren, moet *u* handhaven, niet *Gij* het «Woord van den Almachtigen God.»